Dieses Buch gehört

_____

MONATSPLANER

Monat

Monatsziele

* ------------------------------
* ------------------------------
* ------------------------------
* ------------------------------
* ------------------------------
* ------------------------------
* ------------------------------

Termine

* ------------------------------
* ------------------------------
* ------------------------------
* ------------------------------
* ------------------------------
* ------------------------------
* ------------------------------

Veranstaltungen

* ------------------------------
* ------------------------------
* ------------------------------
* ------------------------------
* ------------------------------
* ------------------------------
* ------------------------------

Notizen

* ------------------------------
* ------------------------------
* ------------------------------
* ------------------------------
* ------------------------------
* ------------------------------
* ------------------------------

Woche 1

Woche 2

Woche 3

Woche 4

Woche 5

Übersicht

MONATSPLANER

Monat

Monatsziele

* ....
* ....
* ....
* ....
* ....
* ....
* ....

Termine

* ....
* ....
* ....
* ....
* ....
* ....
* ....

Veranstaltungen

* ....
* ....
* ....
* ....
* ....
* ....
* ....

Notizen

* ....
* ....
* ....
* ....
* ....
* ....
* ....

Woche 1

Woche 2

Woche 3

Woche 4

Woche 5

Übersicht

MONATSPLANER

Monatsziele

* ------------------------------
* ------------------------------
* ------------------------------
* ------------------------------
* ------------------------------
* ------------------------------
* ------------------------------

Termine

* ------------------------------
* ------------------------------
* ------------------------------
* ------------------------------
* ------------------------------
* ------------------------------
* ------------------------------

Veranstaltungen

* ------------------------------
* ------------------------------
* ------------------------------
* ------------------------------
* ------------------------------
* ------------------------------
* ------------------------------

Notizen

* ------------------------------
* ------------------------------
* ------------------------------
* ------------------------------
* ------------------------------
* ------------------------------
* ------------------------------

Woche 1

Woche 2

Woche 3

Woche 4

Woche 5

Übersicht

MONATSPLANER

Monatsziele

* --
* --
* --
* --
* --
* --
* --

Termine

* --
* --
* --
* --
* --
* --
* --

Veranstaltungen

* --
* --
* --
* --
* --
* --
* --

Notizen

* --
* --
* --
* --
* --
* --
* --

Woche 1

Woche 2

Woche 3

Woche 4

Woche 5

Übersicht

MONATSPLANER

Monatsziele

* --
* --
* --
* --
* --
* --
* --

Termine

* --
* --
* --
* --
* --
* --
* --

Veranstaltungen

* --
* --
* --
* --
* --
* --
* --

Notizen

* --
* --
* --
* --
* --
* --
* --

Woche 1

Woche 2

Woche 3

Woche 4

Woche 5

Übersicht

MONATSPLANER

Monat

Monatsziele

* ....
* ....
* ....
* ....
* ....
* ....
* ....

Termine

* ....
* ....
* ....
* ....
* ....
* ....
* ....

Veranstaltungen

* ....
* ....
* ....
* ....
* ....
* ....
* ....

Notizen

* ....
* ....
* ....
* ....
* ....
* ....
* ....

Woche 1

Woche 2

Woche 3

Woche 4

Woche 5

Übersicht

MONATSPLANER

Monatsziele

* --
* --
* --
* --
* --
* --
* --

Termine

* --
* --
* --
* --
* --
* --
* --

Veranstaltungen

* --
* --
* --
* --
* --
* --
* --

Notizen

* --
* --
* --
* --
* --
* --
* --

Woche 1

Woche 2

Woche 3

Woche 4

Woche 5

Übersicht

MONATSPLANER

Monatsziele

* ....
* ....
* ....
* ....
* ....
* ....
* ....

Termine

* ....
* ....
* ....
* ....
* ....
* ....
* ....

Veranstaltungen

* ....
* ....
* ....
* ....
* ....
* ....
* ....

Notizen

* ....
* ....
* ....
* ....
* ....
* ....
* ....

Woche 1

Woche 2

Woche 3

Woche 4

Woche 5

Übersicht

MONATSPLANER

Monat

Monatsziele

* ....
* ....
* ....
* ....
* ....
* ....
* ....

Termine

* ....
* ....
* ....
* ....
* ....
* ....
* ....

Veranstaltungen

* ....
* ....
* ....
* ....
* ....
* ....
* ....

Notizen

* ....
* ....
* ....
* ....
* ....
* ....
* ....

Woche 1

Woche 2

Woche 3

Woche 4

Woche 5

Übersicht

MONATSPLANER

Monat

Monatsziele

* ....
* ....
* ....
* ....
* ....
* ....
* ....

Termine

* ....
* ....
* ....
* ....
* ....
* ....
* ....

Veranstaltungen

* ....
* ....
* ....
* ....
* ....
* ....
* ....

Notizen

* ....
* ....
* ....
* ....
* ....
* ....
* ....

Woche 1

Woche 2

Woche 3

Woche 4

Woche 5

Übersicht

MONATSPLANER

Monatsziele

* ....
* ....
* ....
* ....
* ....
* ....

Termine

* ....
* ....
* ....
* ....
* ....
* ....

Veranstaltungen

* ....
* ....
* ....
* ....
* ....
* ....

Notizen

* ....
* ....
* ....
* ....
* ....
* ....

Woche 1

Woche 2

Woche 3

Woche 4

Woche 5

Übersicht

MONATSPLANER

Monatsziele

* ....
* ....
* ....
* ....
* ....
* ....
* ....

Termine

* ....
* ....
* ....
* ....
* ....
* ....
* ....

Veranstaltungen

* ....
* ....
* ....
* ....
* ....
* ....
* ....

Notizen

* ....
* ....
* ....
* ....
* ....
* ....
* ....

Woche 1

Woche 2

Woche 3

Woche 4

Woche 5

Übersicht

MONATSPLANER

Monat

Monatsziele

* --
* --
* --
* --
* --
* --
* --

Termine

* --
* --
* --
* --
* --
* --
* --

Veranstaltungen

* --
* --
* --
* --
* --
* --
* --

Notizen

* --
* --
* --
* --
* --
* --
* --

Woche 1

Woche 2

Woche 3

Woche 4

Woche 5

Übersicht

MONATSPLANER

Monat

Monatsziele

* --
* --
* --
* --
* --
* --
* --

Termine

* --
* --
* --
* --
* --
* --
* --

Veranstaltungen

* --
* --
* --
* --
* --
* --
* --

Notizen

* --
* --
* --
* --
* --
* --
* --

Woche 1

Woche 2

Woche 3

Woche 4

Woche 5

Übersicht

MONATSPLANER

Monatsziele

* -------------------------------
* -------------------------------
* -------------------------------
* -------------------------------
* -------------------------------
* -------------------------------
* -------------------------------

Termine

* -------------------------------
* -------------------------------
* -------------------------------
* -------------------------------
* -------------------------------
* -------------------------------
* -------------------------------

Veranstaltungen

* -------------------------------
* -------------------------------
* -------------------------------
* -------------------------------
* -------------------------------
* -------------------------------
* -------------------------------

Notizen

* -------------------------------
* -------------------------------
* -------------------------------
* -------------------------------
* -------------------------------
* -------------------------------
* -------------------------------

Woche 1

Woche 2

Woche 3

Woche 4

Woche 5

Übersicht

MONATSPLANER

Monat

Monatsziele

* ....
* ....
* ....
* ....
* ....
* ....
* ....

Termine

* ....
* ....
* ....
* ....
* ....
* ....
* ....

Veranstaltungen

* ....
* ....
* ....
* ....
* ....
* ....
* ....

Notizen

* ....
* ....
* ....
* ....
* ....
* ....
* ....

Woche 1

Woche 2

Woche 3

Woche 4

Woche 5

Übersicht

MONATSPLANER

Monat

Monatsziele

* ---
* ---
* ---
* ---
* ---
* ---
* ---

Termine

* ---
* ---
* ---
* ---
* ---
* ---
* ---

Veranstaltungen

* ---
* ---
* ---
* ---
* ---
* ---
* ---

Notizen

* ---
* ---
* ---
* ---
* ---
* ---
* ---

Woche 1

Woche 2

Woche 3

Woche 4

Woche 5

Übersicht

MONATSPLANER

Monatsziele

* ....
* ....
* ....
* ....
* ....
* ....
* ....

Termine

* ....
* ....
* ....
* ....
* ....
* ....
* ....

Veranstaltungen

* ....
* ....
* ....
* ....
* ....
* ....
* ....

Notizen

* ....
* ....
* ....
* ....
* ....
* ....
* ....

Woche 1

Woche 2

Woche 3

Woche 4

Woche 5

Übersicht

MONATSPLANER

Monat

Monatsziele

* _____
* _____
* _____
* _____
* _____
* _____
* _____

Termine

* _____
* _____
* _____
* _____
* _____
* _____
* _____

Veranstaltungen

* _____
* _____
* _____
* _____
* _____
* _____
* _____

Notizen

* _____
* _____
* _____
* _____
* _____
* _____
* _____

Woche 1

Woche 2

Woche 3

Woche 4

Woche 5

Übersicht

MONATSPLANER

Monat

Monatsziele

* --
* --
* --
* --
* --
* --
* --

Termine

* --
* --
* --
* --
* --
* --

Veranstaltungen

* --
* --
* --
* --
* --
* --

Notizen

* --
* --
* --
* --
* --
* --
* --

Woche 1

Woche 2

Woche 3

Woche 4

Woche 5

Übersicht

MONATSPLANER

Monatsziele

* -------------------------------
* -------------------------------
* -------------------------------
* -------------------------------
* -------------------------------
* -------------------------------
* -------------------------------

Termine

* -------------------------------
* -------------------------------
* -------------------------------
* -------------------------------
* -------------------------------
* -------------------------------
* -------------------------------

Veranstaltungen

* -------------------------------
* -------------------------------
* -------------------------------
* -------------------------------
* -------------------------------
* -------------------------------
* -------------------------------

Notizen

* -------------------------------
* -------------------------------
* -------------------------------
* -------------------------------
* -------------------------------
* -------------------------------
* -------------------------------

Woche 1

Woche 2

Woche 3

Woche 4

Woche 5

Übersicht

MONATSPLANER

Monat

Monatsziele

* --------------------------------
* --------------------------------
* --------------------------------
* --------------------------------
* --------------------------------
* --------------------------------
* --------------------------------

Termine

* --------------------------------
* --------------------------------
* --------------------------------
* --------------------------------
* --------------------------------
* --------------------------------
* --------------------------------

Veranstaltungen

* --------------------------------
* --------------------------------
* --------------------------------
* --------------------------------
* --------------------------------
* --------------------------------
* --------------------------------

Notizen

* --------------------------------
* --------------------------------
* --------------------------------
* --------------------------------
* --------------------------------
* --------------------------------
* --------------------------------

Woche 1

Woche 2

Woche 3

Woche 4

Woche 5

Übersicht

MONATSPLANER

Monat

Monatsziele

* --
* --
* --
* --
* --
* --
* --

Termine

* --
* --
* --
* --
* --
* --
* --

Veranstaltungen

* --
* --
* --
* --
* --
* --
* --

Notizen

* --
* --
* --
* --
* --
* --
* --

Woche 1

Woche 2

Woche 3

Woche 4

Woche 5

Übersicht

MONATSPLANER

Monatsziele

* --
* --
* --
* --
* --
* --
* --

Termine

* --
* --
* --
* --
* --
* --
* --

Veranstaltungen

* --
* --
* --
* --
* --
* --
* --

Notizen

* --
* --
* --
* --
* --
* --
* --

Woche 1

Woche 2

Woche 3

Woche 4

Woche 5

Übersicht

MONATSPLANER

Monat

Monatsziele

* ....
* ....
* ....
* ....
* ....
* ....
* ....

Termine

* ....
* ....
* ....
* ....
* ....
* ....
* ....

Veranstaltungen

* ....
* ....
* ....
* ....
* ....
* ....
* ....

Notizen

* ....
* ....
* ....
* ....
* ....
* ....
* ....

Woche 1

Woche 2

Woche 3

Woche 4

Woche 5

Übersicht

MONATSPLANER

Monat

Monatsziele

* --------------------------------
* --------------------------------
* --------------------------------
* --------------------------------
* --------------------------------
* --------------------------------
* --------------------------------

Termine

* --------------------------------
* --------------------------------
* --------------------------------
* --------------------------------
* --------------------------------
* --------------------------------
* --------------------------------

Veranstaltungen

* --------------------------------
* --------------------------------
* --------------------------------
* --------------------------------
* --------------------------------
* --------------------------------
* --------------------------------

Notizen

* --------------------------------
* --------------------------------
* --------------------------------
* --------------------------------
* --------------------------------
* --------------------------------
* --------------------------------

Woche 1

Woche 2

Woche 3

Woche 4

Woche 5

Übersicht

MONATSPLANER

Monat

Monatsziele

* --
* --
* --
* --
* --
* --
* --

Termine

* --
* --
* --
* --
* --
* --
* --

Veranstaltungen

* --
* --
* --
* --
* --
* --
* --

Notizen

* --
* --
* --
* --
* --
* --
* --

Woche 1

Woche 2

Woche 3

Woche 4

Woche 5

Übersicht

MONATSPLANER

Monat

Monatsziele

* ....
* ....
* ....
* ....
* ....
* ....
* ....

Termine

* ....
* ....
* ....
* ....
* ....
* ....
* ....

Veranstaltungen

* ....
* ....
* ....
* ....
* ....
* ....
* ....

Notizen

* ....
* ....
* ....
* ....
* ....
* ....
* ....

Woche 1

Woche 2

Woche 3

Woche 4

Woche 5

Übersicht

MONATSPLANER

Monat

Monatsziele

* ....
* ....
* ....
* ....
* ....
* ....
* ....

Termine

* ....
* ....
* ....
* ....
* ....
* ....
* ....

Veranstaltungen

* ....
* ....
* ....
* ....
* ....
* ....
* ....

Notizen

* ....
* ....
* ....
* ....
* ....
* ....
* ....

Woche 1

Woche 2

Woche 3

Woche 4

Woche 5

Übersicht

MONATSPLANER

Monat

Monatsziele

* -------------------------------------
* -------------------------------------
* -------------------------------------
* -------------------------------------
* -------------------------------------
* -------------------------------------
* -------------------------------------

Termine

* -------------------------------------
* -------------------------------------
* -------------------------------------
* -------------------------------------
* -------------------------------------
* -------------------------------------
* -------------------------------------

Veranstaltungen

* -------------------------------------
* -------------------------------------
* -------------------------------------
* -------------------------------------
* -------------------------------------
* -------------------------------------
* -------------------------------------

Notizen

* -------------------------------------
* -------------------------------------
* -------------------------------------
* -------------------------------------
* -------------------------------------
* -------------------------------------
* -------------------------------------

Woche 1

Woche 2

Woche 3

Woche 4

Woche 5

Übersicht

MONATSPLANER

Monatsziele

* --
* --
* --
* --
* --
* --
* --

Termine

* --
* --
* --
* --
* --
* --
* --

Veranstaltungen

* --
* --
* --
* --
* --
* --
* --

Notizen

* --
* --
* --
* --
* --
* --
* --

Woche 1

Woche 2

Woche 3

Woche 4

Woche 5

Übersicht

MONATSPLANER

Monat

Monatsziele

* ....
* ....
* ....
* ....
* ....
* ....
* ....

Termine

* ....
* ....
* ....
* ....
* ....
* ....
* ....

Veranstaltungen

* ....
* ....
* ....
* ....
* ....
* ....
* ....

Notizen

* ....
* ....
* ....
* ....
* ....
* ....
* ....

Woche 1

Woche 2

Woche 3

Woche 4

Woche 5

Übersicht

MONATSPLANER

Monat

Monatsziele

* --
* --
* --
* --
* --
* --
* --

Termine

* --
* --
* --
* --
* --
* --
* --

Veranstaltungen

* --
* --
* --
* --
* --
* --
* --

Notizen

* --
* --
* --
* --
* --
* --
* --

Woche 1

Woche 2

Woche 3

Woche 4

Woche 5

Übersicht

MONATSPLANER

Monatsziele

* ....
* ....
* ....
* ....
* ....
* ....
* ....

Termine

* ....
* ....
* ....
* ....
* ....
* ....
* ....

Veranstaltungen

* ....
* ....
* ....
* ....
* ....
* ....
* ....

Notizen

* ....
* ....
* ....
* ....
* ....
* ....
* ....

Woche 1

Woche 2

Woche 3

Woche 4

Woche 5

Übersicht

MONATSPLANER

Monatsziele

* --------------------------------
* --------------------------------
* --------------------------------
* --------------------------------
* --------------------------------
* --------------------------------
* --------------------------------

Termine

* --------------------------------
* --------------------------------
* --------------------------------
* --------------------------------
* --------------------------------
* --------------------------------
* --------------------------------

Veranstaltungen

* --------------------------------
* --------------------------------
* --------------------------------
* --------------------------------
* --------------------------------
* --------------------------------
* --------------------------------

Notizen

* --------------------------------
* --------------------------------
* --------------------------------
* --------------------------------
* --------------------------------
* --------------------------------
* --------------------------------

Woche 1

Woche 2

Woche 3

Woche 4

Woche 5

Übersicht

MONATSPLANER

Monat

Monatsziele

* ....
* ....
* ....
* ....
* ....
* ....
* ....

Termine

* ....
* ....
* ....
* ....
* ....
* ....
* ....

Veranstaltungen

* ....
* ....
* ....
* ....
* ....
* ....
* ....

Notizen

* ....
* ....
* ....
* ....
* ....
* ....
* ....

Woche 1

Woche 2

Woche 3

Woche 4

Woche 5

Übersicht

MONATSPLANER

Monatsziele

* -----------------------------------
* -----------------------------------
* -----------------------------------
* -----------------------------------
* -----------------------------------
* -----------------------------------
* -----------------------------------

Termine

* -----------------------------------
* -----------------------------------
* -----------------------------------
* -----------------------------------
* -----------------------------------
* -----------------------------------
* -----------------------------------

Veranstaltungen

* -----------------------------------
* -----------------------------------
* -----------------------------------
* -----------------------------------
* -----------------------------------
* -----------------------------------
* -----------------------------------

Notizen

* -----------------------------------
* -----------------------------------
* -----------------------------------
* -----------------------------------
* -----------------------------------
* -----------------------------------
* -----------------------------------

Woche 1

Woche 2

Woche 3

Woche 4

Woche 5

Übersicht

MONATSPLANER

Monat

Monatsziele

* ....
* ....
* ....
* ....
* ....
* ....
* ....

Termine

* ....
* ....
* ....
* ....
* ....
* ....
* ....

Veranstaltungen

* ....
* ....
* ....
* ....
* ....
* ....
* ....

Notizen

* ....
* ....
* ....
* ....
* ....
* ....
* ....

Woche 1

Woche 2

Woche 3

Woche 4

Woche 5

Übersicht

MONATSPLANER

Monat

Monatsziele

* --
* --
* --
* --
* --
* --
* --

Termine

* --
* --
* --
* --
* --
* --
* --

Veranstaltungen

* --
* --
* --
* --
* --
* --
* --

Notizen

* --
* --
* --
* --
* --
* --
* --

Woche 1

Woche 2

Woche 3

Woche 4

Woche 5

Übersicht

MONATSPLANER

Monatsziele

* ....
* ....
* ....
* ....
* ....
* ....
* ....

Termine

* ....
* ....
* ....
* ....
* ....
* ....
* ....

Veranstaltungen

* ....
* ....
* ....
* ....
* ....
* ....
* ....

Notizen

* ....
* ....
* ....
* ....
* ....
* ....
* ....

Woche 1

Woche 2

Woche 3

Woche 4

Woche 5

Übersicht

MONATSPLANER

Monat

Monatsziele

* ....
* ....
* ....
* ....
* ....
* ....
* ....

Termine

* ....
* ....
* ....
* ....
* ....
* ....
* ....

Veranstaltungen

* ....
* ....
* ....
* ....
* ....
* ....
* ....

Notizen

* ....
* ....
* ....
* ....
* ....
* ....
* ....

Woche 1

Woche 2

Woche 3

Woche 4

Woche 5

Übersicht

MONATSPLANER

Monat

Monatsziele

* --
* --
* --
* --
* --
* --
* --

Termine

* --
* --
* --
* --
* --
* --
* --

Veranstaltungen

* --
* --
* --
* --
* --
* --
* --

Notizen

* --
* --
* --
* --
* --
* --
* --

Woche 1

Woche 2

Woche 3

Woche 4

Woche 5

Übersicht

MONATSPLANER

Monat

Monatsziele

* ....
* ....
* ....
* ....
* ....
* ....
* ....

Termine

* ....
* ....
* ....
* ....
* ....
* ....
* ....

Veranstaltungen

* ....
* ....
* ....
* ....
* ....
* ....
* ....

Notizen

* ....
* ....
* ....
* ....
* ....
* ....
* ....

Woche 1

Woche 2

Woche 3

Woche 4

Woche 5

Übersicht

MONATSPLANER

Monatsziele

* ....
* ....
* ....
* ....
* ....
* ....
* ....

Termine

* ....
* ....
* ....
* ....
* ....
* ....
* ....

Veranstaltungen

* ....
* ....
* ....
* ....
* ....
* ....
* ....

Notizen

* ....
* ....
* ....
* ....
* ....
* ....
* ....

Woche 1

Woche 2

Woche 3

Woche 4

Woche 5

Übersicht

MONATSPLANER

Monat

Monatsziele

* ------------------------------------
* ------------------------------------
* ------------------------------------
* ------------------------------------
* ------------------------------------
* ------------------------------------
* ------------------------------------

Termine

* ------------------------------------
* ------------------------------------
* ------------------------------------
* ------------------------------------
* ------------------------------------
* ------------------------------------
* ------------------------------------

Veranstaltungen

* ------------------------------------
* ------------------------------------
* ------------------------------------
* ------------------------------------
* ------------------------------------
* ------------------------------------
* ------------------------------------

Notizen

* ------------------------------------
* ------------------------------------
* ------------------------------------
* ------------------------------------
* ------------------------------------
* ------------------------------------
* ------------------------------------

Woche 1

Woche 2

Woche 3

Woche 4

Woche 5

Übersicht

MONATSPLANER

Monat

Monatsziele

* ....
* ....
* ....
* ....
* ....
* ....
* ....

Termine

* ....
* ....
* ....
* ....
* ....
* ....
* ....

Veranstaltungen

* ....
* ....
* ....
* ....
* ....
* ....
* ....

Notizen

* ....
* ....
* ....
* ....
* ....
* ....
* ....

Woche 1

Woche 2

Woche 3

Woche 4

Woche 5

Übersicht

MONATSPLANER

Monat

Monatsziele

- *
- *
- *
- *
- *
- *

Termine

- *
- *
- *
- *
- *
- *

Veranstaltungen

- *
- *
- *
- *
- *
- *
- *

Notizen

- *
- *
- *
- *
- *
- *
- *

Woche 1

Woche 2

Woche 3

Woche 4

Woche 5

Übersicht

MONATSPLANER

Monat

Monatsziele

* ....
* ....
* ....
* ....
* ....
* ....
* ....

Termine

* ....
* ....
* ....
* ....
* ....
* ....
* ....

Veranstaltungen

* ....
* ....
* ....
* ....
* ....
* ....
* ....

Notizen

* ....
* ....
* ....
* ....
* ....
* ....
* ....

Woche 1

Woche 2

Woche 3

Woche 4

Woche 5

Übersicht

MONATSPLANER

Monatsziele

* ....
* ....
* ....
* ....
* ....
* ....
* ....

Termine

* ....
* ....
* ....
* ....
* ....
* ....
* ....

Veranstaltungen

* ....
* ....
* ....
* ....
* ....
* ....
* ....

Notizen

* ....
* ....
* ....
* ....
* ....
* ....
* ....

Woche 1

Woche 2

Woche 3

Woche 4

Woche 5

Übersicht

MONATSPLANER

Monatsziele

* ....
* ....
* ....
* ....
* ....
* ....
* ....

Termine

* ....
* ....
* ....
* ....
* ....
* ....
* ....

Veranstaltungen

* ....
* ....
* ....
* ....
* ....
* ....
* ....

Notizen

* ....
* ....
* ....
* ....
* ....
* ....
* ....

Woche 1

Woche 2

Woche 3

Woche 4

Woche 5

Übersicht

MONATSPLANER

Monat

Monatsziele

* --
* --
* --
* --
* --
* --
* --

Termine

* --
* --
* --
* --
* --
* --
* --

Veranstaltungen

* --
* --
* --
* --
* --
* --
* --

Notizen

* --
* --
* --
* --
* --
* --
* --

Woche 1

Woche 2

Woche 3

Woche 4

Woche 5

Übersicht

MONATSPLANER

Monat

Monatsziele

* --
* --
* --
* --
* --
* --
* --

Termine

* --
* --
* --
* --
* --
* --
* --

Veranstaltungen

* --
* --
* --
* --
* --
* --
* --

Notizen

* --
* --
* --
* --
* --
* --
* --

Woche 1

Woche 2

Woche 3

Woche 4

Woche 5

Übersicht

MONATSPLANER

Monat

Monatsziele

* ....
* ....
* ....
* ....
* ....
* ....

Termine

* ....
* ....
* ....
* ....
* ....
* ....

Veranstaltungen

* ....
* ....
* ....
* ....
* ....
* ....

Notizen

* ....
* ....
* ....
* ....
* ....
* ....

Woche 1

Woche 2

Woche 3

Woche 4

Woche 5

Übersicht

MONATSPLANER

Monat

Monatsziele

* ....
* ....
* ....
* ....
* ....
* ....
* ....

Termine

* ....
* ....
* ....
* ....
* ....
* ....
* ....

Veranstaltungen

* ....
* ....
* ....
* ....
* ....
* ....
* ....

Notizen

* ....
* ....
* ....
* ....
* ....
* ....
* ....

Woche 1

Woche 2

Woche 3

Woche 4

Woche 5

Übersicht

MONATSPLANER

Monat

Monatsziele

* --
* --
* --
* --
* --
* --
* --

Termine

* --
* --
* --
* --
* --
* --
* --

Veranstaltungen

* --
* --
* --
* --
* --
* --
* --

Notizen

* --
* --
* --
* --
* --
* --
* --

Woche 1

Woche 2

Woche 3

Woche 4

Woche 5

Übersicht

MONATSPLANER

Monat

Monatsziele

* ....
* ....
* ....
* ....
* ....
* ....
* ....

Termine

* ....
* ....
* ....
* ....
* ....
* ....
* ....

Veranstaltungen

* ....
* ....
* ....
* ....
* ....
* ....
* ....

Notizen

* ....
* ....
* ....
* ....
* ....
* ....
* ....

Woche 1

Woche 2

Woche 3

Woche 4

Woche 5

Übersicht

MONATSPLANER

Monat

Monatsziele

* --------------------------------
* --------------------------------
* --------------------------------
* --------------------------------
* --------------------------------
* --------------------------------
* --------------------------------

Termine

* --------------------------------
* --------------------------------
* --------------------------------
* --------------------------------
* --------------------------------
* --------------------------------
* --------------------------------

Veranstaltungen

* --------------------------------
* --------------------------------
* --------------------------------
* --------------------------------
* --------------------------------
* --------------------------------
* --------------------------------

Notizen

* --------------------------------
* --------------------------------
* --------------------------------
* --------------------------------
* --------------------------------
* --------------------------------
* --------------------------------

Woche 1

Woche 2

Woche 3

Woche 4

Woche 5

Übersicht

MONATSPLANER

Monatsziele

* ---
* ---
* ---
* ---
* ---
* ---
* ---

Termine

* ---
* ---
* ---
* ---
* ---
* ---
* ---

Veranstaltungen

* ---
* ---
* ---
* ---
* ---
* ---
* ---

Notizen

* ---
* ---
* ---
* ---
* ---
* ---
* ---

Woche 1

Woche 2

Woche 3

Woche 4

Woche 5

Übersicht

MONATSPLANER

Monat

Monatsziele

* ....
* ....
* ....
* ....
* ....
* ....

Termine

* ....
* ....
* ....
* ....
* ....
* ....

Veranstaltungen

* ....
* ....
* ....
* ....
* ....
* ....

Notizen

* ....
* ....
* ....
* ....
* ....
* ....

Woche 1

Woche 2

Woche 3

Woche 4

Woche 5

Übersicht

MONATSPLANER

Monatsziele

* ....
* ....
* ....
* ....
* ....
* ....
* ....

Termine

* ....
* ....
* ....
* ....
* ....
* ....
* ....

Veranstaltungen

* ....
* ....
* ....
* ....
* ....
* ....
* ....

Notizen

* ....
* ....
* ....
* ....
* ....
* ....
* ....

Woche 1

Woche 2

Woche 3

Woche 4

Woche 5

Übersicht

MONATSPLANER

Monat

Monatsziele

* ....
* ....
* ....
* ....
* ....
* ....
* ....

Termine

* ....
* ....
* ....
* ....
* ....
* ....
* ....

Veranstaltungen

* ....
* ....
* ....
* ....
* ....
* ....
* ....

Notizen

* ....
* ....
* ....
* ....
* ....
* ....
* ....

Woche 1

Woche 2

Woche 3

Woche 4

Woche 5

Übersicht

MONATSPLANER

Monatsziele

* ....
* ....
* ....
* ....
* ....
* ....
* ....

Termine

* ....
* ....
* ....
* ....
* ....
* ....
* ....

Veranstaltungen

* ....
* ....
* ....
* ....
* ....
* ....
* ....

Notizen

* ....
* ....
* ....
* ....
* ....
* ....
* ....

Woche 1

Woche 2

Woche 3

Woche 4

Woche 5

Übersicht

MONATSPLANER

Monatsziele

* -------------------------------
* -------------------------------
* -------------------------------
* -------------------------------
* -------------------------------
* -------------------------------
* -------------------------------

Termine

* -------------------------------
* -------------------------------
* -------------------------------
* -------------------------------
* -------------------------------
* -------------------------------
* -------------------------------

Veranstaltungen

* -------------------------------
* -------------------------------
* -------------------------------
* -------------------------------
* -------------------------------
* -------------------------------
* -------------------------------

Notizen

* -------------------------------
* -------------------------------
* -------------------------------
* -------------------------------
* -------------------------------
* -------------------------------
* -------------------------------

Woche 1

Woche 2

Woche 3

Woche 4

Woche 5

Übersicht

MONATSPLANER

Monatsziele

* --
* --
* --
* --
* --
* --
* --

Termine

* --
* --
* --
* --
* --
* --
* --

Veranstaltungen

* --
* --
* --
* --
* --
* --
* --

Notizen

* --
* --
* --
* --
* --
* --
* --

Woche 1

Woche 2

Woche 3

Woche 4

Woche 5

Übersicht

MONATSPLANER

Monat

Monatsziele

* ....
* ....
* ....
* ....
* ....
* ....
* ....

Termine

* ....
* ....
* ....
* ....
* ....
* ....
* ....

Veranstaltungen

* ....
* ....
* ....
* ....
* ....
* ....
* ....

Notizen

* ....
* ....
* ....
* ....
* ....
* ....
* ....

Woche 1

Woche 2

Woche 3

Woche 4

Woche 5

Übersicht

MONATSPLANER

Monatsziele

*
*
*
*
*
*
*

Termine

*
*
*
*
*
*
*

Veranstaltungen

*
*
*
*
*
*
*

Notizen

*
*
*
*
*
*
*

Woche 1

Woche 2

Woche 3

Woche 4

Woche 5

Übersicht

MONATSPLANER

Monatsziele

* ---
* ---
* ---
* ---
* ---
* ---
* ---

Termine

* ---
* ---
* ---
* ---
* ---
* ---
* ---

Veranstaltungen

* ---
* ---
* ---
* ---
* ---
* ---
* ---

Notizen

* ---
* ---
* ---
* ---
* ---
* ---
* ---

Woche 1

Woche 2

Woche 3

Woche 4

Woche 5

Übersicht

MONATSPLANER

Monat

Monatsziele

* --
* --
* --
* --
* --
* --
* --

Termine

* --
* --
* --
* --
* --
* --
* --

Veranstaltungen

* --
* --
* --
* --
* --
* --
* --

Notizen

* --
* --
* --
* --
* --
* --
* --

Woche 1

Woche 2

Woche 3

Woche 4

Woche 5

Übersicht

MONATSPLANER

Monat

Monatsziele

* ------------------------------------
* ------------------------------------
* ------------------------------------
* ------------------------------------
* ------------------------------------
* ------------------------------------
* ------------------------------------

Termine

* ------------------------------------
* ------------------------------------
* ------------------------------------
* ------------------------------------
* ------------------------------------
* ------------------------------------
* ------------------------------------

Veranstaltungen

* ------------------------------------
* ------------------------------------
* ------------------------------------
* ------------------------------------
* ------------------------------------
* ------------------------------------
* ------------------------------------

Notizen

* ------------------------------------
* ------------------------------------
* ------------------------------------
* ------------------------------------
* ------------------------------------
* ------------------------------------
* ------------------------------------

Woche 1

Woche 2

Woche 3

Woche 4

Woche 5

Übersicht

MONATSPLANER

Monat

Monatsziele

* --------------------------------------
* --------------------------------------
* --------------------------------------
* --------------------------------------
* --------------------------------------
* --------------------------------------
* --------------------------------------

Termine

* --------------------------------------
* --------------------------------------
* --------------------------------------
* --------------------------------------
* --------------------------------------
* --------------------------------------
* --------------------------------------

Veranstaltungen

* --------------------------------------
* --------------------------------------
* --------------------------------------
* --------------------------------------
* --------------------------------------
* --------------------------------------
* --------------------------------------

Notizen

* --------------------------------------
* --------------------------------------
* --------------------------------------
* --------------------------------------
* --------------------------------------
* --------------------------------------
* --------------------------------------

Woche 1

Woche 2

Woche 3

Woche 4

Woche 5

Übersicht

MONATSPLANER

Monat

Monatsziele

* ....
* ....
* ....
* ....
* ....
* ....
* ....

Termine

* ....
* ....
* ....
* ....
* ....
* ....
* ....

Veranstaltungen

* ....
* ....
* ....
* ....
* ....
* ....
* ....

Notizen

* ....
* ....
* ....
* ....
* ....
* ....
* ....

Woche 1

Woche 2

Woche 3

Woche 4

Woche 5

Übersicht

MONATSPLANER

Monatsziele

* ....
* ....
* ....
* ....
* ....
* ....
* ....

Termine

* ....
* ....
* ....
* ....
* ....
* ....

Veranstaltungen

* ....
* ....
* ....
* ....
* ....
* ....

Notizen

* ....
* ....
* ....
* ....
* ....
* ....
* ....

Woche 1

Woche 2

Woche 3

Woche 4

Woche 5

Übersicht

MONATSPLANER

Monatsziele

* -------------------------------------
* -------------------------------------
* -------------------------------------
* -------------------------------------
* -------------------------------------
* -------------------------------------
* -------------------------------------

Termine

* -------------------------------------
* -------------------------------------
* -------------------------------------
* -------------------------------------
* -------------------------------------
* -------------------------------------
* -------------------------------------

Veranstaltungen

* -------------------------------------
* -------------------------------------
* -------------------------------------
* -------------------------------------
* -------------------------------------
* -------------------------------------
* -------------------------------------

Notizen

* -------------------------------------
* -------------------------------------
* -------------------------------------
* -------------------------------------
* -------------------------------------
* -------------------------------------
* -------------------------------------

Woche 1

Woche 2

Woche 3

Woche 4

Woche 5

Übersicht

MONATSPLANER

Monat

Monatsziele

* --
* --
* --
* --
* --
* --
* --

Termine

* --
* --
* --
* --
* --
* --
* --

Veranstaltungen

* --
* --
* --
* --
* --
* --
* --

Notizen

* --
* --
* --
* --
* --
* --
* --

Woche 1

Woche 2

Woche 3

Woche 4

Woche 5

Übersicht

MONATSPLANER

Monatsziele

*
*
*
*
*
*
*

Termine

*
*
*
*
*
*
*

Veranstaltungen

*
*
*
*
*
*
*

Notizen

*
*
*
*
*
*
*

Woche 1

Woche 2

Woche 3

Woche 4

Woche 5

Übersicht

MONATSPLANER

Monatsziele

* --
* --
* --
* --
* --
* --
* --

Termine

* --
* --
* --
* --
* --
* --
* --

Veranstaltungen

* --
* --
* --
* --
* --
* --
* --

Notizen

* --
* --
* --
* --
* --
* --
* --

Woche 1

Woche 2

Woche 3

Woche 4

Woche 5

Übersicht

MONATSPLANER

Monatsziele

* ....
* ....
* ....
* ....
* ....
* ....
* ....

Termine

* ....
* ....
* ....
* ....
* ....
* ....
* ....

Veranstaltungen

* ....
* ....
* ....
* ....
* ....
* ....

Notizen

* ....
* ....
* ....
* ....
* ....
* ....
* ....

Woche 1

Woche 2

Woche 3

Woche 4

Woche 5

Übersicht

MONATSPLANER

Monatsziele

* ....
* ....
* ....
* ....
* ....
* ....
* ....

Termine

* ....
* ....
* ....
* ....
* ....
* ....
* ....

Veranstaltungen

* ....
* ....
* ....
* ....
* ....
* ....
* ....

Notizen

* ....
* ....
* ....
* ....
* ....
* ....
* ....

Woche 1

Woche 2

Woche 3

Woche 4

Woche 5

Übersicht

MONATSPLANER

Monat

Monatsziele

* ....
* ....
* ....
* ....
* ....
* ....
* ....

Termine

* ....
* ....
* ....
* ....
* ....
* ....
* ....

Veranstaltungen

* ....
* ....
* ....
* ....
* ....
* ....
* ....

Notizen

* ....
* ....
* ....
* ....
* ....
* ....
* ....

Woche 1

Woche 2

Woche 3

Woche 4

Woche 5

Übersicht

MONATSPLANER

Monat

Monatsziele

* ....
* ....
* ....
* ....
* ....
* ....
* ....

Termine

* ....
* ....
* ....
* ....
* ....
* ....
* ....

Veranstaltungen

* ....
* ....
* ....
* ....
* ....
* ....
* ....

Notizen

* ....
* ....
* ....
* ....
* ....
* ....
* ....

Woche 1

Woche 2

Woche 3

Woche 4

Woche 5

Übersicht

MONATSPLANER

Monatsziele

* --
* --
* --
* --
* --
* --
* --

Termine

* --
* --
* --
* --
* --
* --
* --

Veranstaltungen

* --
* --
* --
* --
* --
* --
* --

Notizen

* --
* --
* --
* --
* --
* --
* --

Woche 1

Woche 2

Woche 3

Woche 4

Woche 5

Übersicht

MONATSPLANER

Monat

Monatsziele

* -----------------------------
* -----------------------------
* -----------------------------
* -----------------------------
* -----------------------------
* -----------------------------

Termine

* -----------------------------
* -----------------------------
* -----------------------------
* -----------------------------
* -----------------------------
* -----------------------------
* -----------------------------

Veranstaltungen

* -----------------------------
* -----------------------------
* -----------------------------
* -----------------------------
* -----------------------------
* -----------------------------
* -----------------------------

Notizen

* -----------------------------
* -----------------------------
* -----------------------------
* -----------------------------
* -----------------------------
* -----------------------------
* -----------------------------

Woche 1

Woche 2

Woche 3

Woche 4

Woche 5

Übersicht

MONATSPLANER

Monat

Monatsziele

* --------------------------------
* --------------------------------
* --------------------------------
* --------------------------------
* --------------------------------
* --------------------------------
* --------------------------------

Termine

* --------------------------------
* --------------------------------
* --------------------------------
* --------------------------------
* --------------------------------
* --------------------------------
* --------------------------------

Veranstaltungen

* --------------------------------
* --------------------------------
* --------------------------------
* --------------------------------
* --------------------------------
* --------------------------------
* --------------------------------

Notizen

* --------------------------------
* --------------------------------
* --------------------------------
* --------------------------------
* --------------------------------
* --------------------------------
* --------------------------------

Woche 1

Woche 2

Woche 3

Woche 4

Woche 5

Übersicht

MONATSPLANER

Monatsziele

* --
* --
* --
* --
* --
* --
* --

Termine

* --
* --
* --
* --
* --
* --
* --

Veranstaltungen

* --
* --
* --
* --
* --
* --
* --

Notizen

* --
* --
* --
* --
* --
* --
* --

Woche 1

Woche 2

Woche 3

Woche 4

Woche 5

Übersicht

MONATSPLANER

Monat

Monatsziele
* ....
* ....
* ....
* ....
* ....
* ....
* ....

Termine
* ....
* ....
* ....
* ....
* ....
* ....
* ....

Veranstaltungen
* ....
* ....
* ....
* ....
* ....
* ....
* ....

Notizen
* ....
* ....
* ....
* ....
* ....
* ....
* ....

Woche 1

Woche 2

Woche 3

Woche 4

Woche 5

Übersicht

MONATSPLANER

Monat

Monatsziele

* --
* --
* --
* --
* --
* --
* --

Termine

* --
* --
* --
* --
* --
* --
* --

Veranstaltungen

* --
* --
* --
* --
* --
* --
* --

Notizen

* --
* --
* --
* --
* --
* --
* --

Woche 1

Woche 2

Woche 3

Woche 4

Woche 5

Übersicht

MONATSPLANER

Monatsziele

* --
* --
* --
* --
* --
* --
* --

Termine

* --
* --
* --
* --
* --
* --
* --

Veranstaltungen

* --
* --
* --
* --
* --
* --
* --

Notizen

* --
* --
* --
* --
* --
* --
* --

Woche 1

Woche 2

Woche 3

Woche 4

Woche 5

Übersicht

MONATSPLANER

Monatsziele

* ....
* ....
* ....
* ....
* ....
* ....
* ....

Termine

* ....
* ....
* ....
* ....
* ....
* ....
* ....

Veranstaltungen

* ....
* ....
* ....
* ....
* ....
* ....
* ....

Notizen

* ....
* ....
* ....
* ....
* ....
* ....
* ....

Woche 1

Woche 2

Woche 3

Woche 4

Woche 5

Übersicht

MONATSPLANER

Monat

Monatsziele

* --
* --
* --
* --
* --
* --
* --

Termine

* --
* --
* --
* --
* --
* --
* --

Veranstaltungen

* --
* --
* --
* --
* --
* --
* --

Notizen

* --
* --
* --
* --
* --
* --
* --

Woche 1

Woche 2

Woche 3

Woche 4

Woche 5

Übersicht

MONATSPLANER

Monatsziele

* --
* --
* --
* --
* --
* --
*

Termine

* --
* --
* --
* --
* --
* --
*

Veranstaltungen

* --
* --
* --
* --
* --
* --
*

Notizen

* --
* --
* --
* --
* --
* --
*

Woche 1

Woche 2

Woche 3

Woche 4

Woche 5

Übersicht

MONATSPLANER

Monatsziele

* --
* --
* --
* --
* --
* --
* --

Termine

* --
* --
* --
* --
* --
* --
* --

Veranstaltungen

* --
* --
* --
* --
* --
* --
* --

Notizen

* --
* --
* --
* --
* --
* --
* --

Woche 1

Woche 2

Woche 3

Woche 4

Woche 5

Übersicht

MONATSPLANER

Monat

Monatsziele

* ------------------------------------
* ------------------------------------
* ------------------------------------
* ------------------------------------
* ------------------------------------
* ------------------------------------
* ------------------------------------

Termine

* ------------------------------------
* ------------------------------------
* ------------------------------------
* ------------------------------------
* ------------------------------------
* ------------------------------------
* ------------------------------------

Veranstaltungen

* ------------------------------------
* ------------------------------------
* ------------------------------------
* ------------------------------------
* ------------------------------------
* ------------------------------------
* ------------------------------------

Notizen

* ------------------------------------
* ------------------------------------
* ------------------------------------
* ------------------------------------
* ------------------------------------
* ------------------------------------
* ------------------------------------

Woche 1

Woche 2

Woche 3

Woche 4

Woche 5

Übersicht

MONATSPLANER

Monat

Monatsziele

* --------------------------------
* --------------------------------
* --------------------------------
* --------------------------------
* --------------------------------
* --------------------------------
* --------------------------------

Termine

* --------------------------------
* --------------------------------
* --------------------------------
* --------------------------------
* --------------------------------
* --------------------------------
* --------------------------------

Veranstaltungen

* --------------------------------
* --------------------------------
* --------------------------------
* --------------------------------
* --------------------------------
* --------------------------------
* --------------------------------

Notizen

* --------------------------------
* --------------------------------
* --------------------------------
* --------------------------------
* --------------------------------
* --------------------------------
* --------------------------------

Woche 1

Woche 2

Woche 3

Woche 4

Woche 5

Übersicht

MONATSPLANER

Monatsziele

* ------------------------------
* ------------------------------
* ------------------------------
* ------------------------------
* ------------------------------
* ------------------------------
* ------------------------------

Termine

* ------------------------------
* ------------------------------
* ------------------------------
* ------------------------------
* ------------------------------
* ------------------------------
* ------------------------------

Veranstaltungen

* ------------------------------
* ------------------------------
* ------------------------------
* ------------------------------
* ------------------------------
* ------------------------------
* ------------------------------

Notizen

* ------------------------------
* ------------------------------
* ------------------------------
* ------------------------------
* ------------------------------
* ------------------------------
* ------------------------------

Woche 1

Woche 2

Woche 3

Woche 4

Woche 5

Übersicht

MONATSPLANER

Monat

Monatsziele

* --
* --
* --
* --
* --
* --
* --

Termine

* --
* --
* --
* --
* --
* --
* --

Veranstaltungen

* --
* --
* --
* --
* --
* --
* --

Notizen

* --
* --
* --
* --
* --
* --
* --

Woche 1

Woche 2

Woche 3

Woche 4

Woche 5

Übersicht

MONATSPLANER

Monatsziele

* ....
* ....
* ....
* ....
* ....
* ....
* ....

Termine

* ....
* ....
* ....
* ....
* ....
* ....
* ....

Veranstaltungen

* ....
* ....
* ....
* ....
* ....
* ....
* ....

Notizen

* ....
* ....
* ....
* ....
* ....
* ....
* ....

Woche 1

Woche 2

Woche 3

Woche 4

Woche 5

Übersicht

MONATSPLANER

Monat

Monatsziele

* ------------------------------------
* ------------------------------------
* ------------------------------------
* ------------------------------------
* ------------------------------------
* ------------------------------------
* ------------------------------------

Termine

* ------------------------------------
* ------------------------------------
* ------------------------------------
* ------------------------------------
* ------------------------------------
* ------------------------------------
* ------------------------------------

Veranstaltungen

* ------------------------------------
* ------------------------------------
* ------------------------------------
* ------------------------------------
* ------------------------------------
* ------------------------------------
* ------------------------------------

Notizen

* ------------------------------------
* ------------------------------------
* ------------------------------------
* ------------------------------------
* ------------------------------------
* ------------------------------------
* ------------------------------------

Woche 1

Woche 2

Woche 3

Woche 4

Woche 5

Übersicht

MONATSPLANER

Monatsziele

* ....
* ....
* ....
* ....
* ....
* ....
* ....

Termine

* ....
* ....
* ....
* ....
* ....
* ....
* ....

Veranstaltungen

* ....
* ....
* ....
* ....
* ....
* ....
* ....

Notizen

* ....
* ....
* ....
* ....
* ....
* ....
* ....

Woche 1

Woche 2

Woche 3

Woche 4

Woche 5

Übersicht

MONATSPLANER

Monatsziele

* ------------------------------
* ------------------------------
* ------------------------------
* ------------------------------
* ------------------------------
* ------------------------------
* ------------------------------

Termine

* ------------------------------
* ------------------------------
* ------------------------------
* ------------------------------
* ------------------------------
* ------------------------------
* ------------------------------

Veranstaltungen

* ------------------------------
* ------------------------------
* ------------------------------
* ------------------------------
* ------------------------------
* ------------------------------
* ------------------------------

Notizen

* ------------------------------
* ------------------------------
* ------------------------------
* ------------------------------
* ------------------------------
* ------------------------------
* ------------------------------

Woche 1

Woche 2

Woche 3

Woche 4

Woche 5

Übersicht

MONATSPLANER

Monat

Monatsziele

* --
* --
* --
* --
* --
* --
* --

Termine

* --
* --
* --
* --
* --
* --
* --

Veranstaltungen

* --
* --
* --
* --
* --
* --
* --

Notizen

* --
* --
* --
* --
* --
* --
* --

Woche 1

Woche 2

Woche 3

Woche 4

Woche 5

Übersicht

MONATSPLANER

Monat

Monatsziele

* ....
* ....
* ....
* ....
* ....
* ....
* ....

Termine

* ....
* ....
* ....
* ....
* ....
* ....
* ....

Veranstaltungen

* ....
* ....
* ....
* ....
* ....
* ....
* ....

Notizen

* ....
* ....
* ....
* ....
* ....
* ....
* ....

Woche 1

Woche 2

Woche 3

Woche 4

Woche 5

Übersicht

MONATSPLANER

Monat

Monatsziele

* ....
* ....
* ....
* ....
* ....
* ....
* ....

Termine

* ....
* ....
* ....
* ....
* ....
* ....
* ....

Veranstaltungen

* ....
* ....
* ....
* ....
* ....
* ....
* ....

Notizen

* ....
* ....
* ....
* ....
* ....
* ....
* ....

Woche 1

Woche 2

Woche 3

Woche 4

Woche 5

Übersicht

MONATSPLANER

Monat

Monatsziele

* --
* --
* --
* --
* --
* --
* --

Termine

* --
* --
* --
* --
* --
* --
* --

Veranstaltungen

* --
* --
* --
* --
* --
* --
* --

Notizen

* --
* --
* --
* --
* --
* --
* --

Woche 1

Woche 2

Woche 3

Woche 4

Woche 5

Übersicht

MONATSPLANER

Monat

Monatsziele

* ------------------------------------
* ------------------------------------
* ------------------------------------
* ------------------------------------
* ------------------------------------
* ------------------------------------
* ------------------------------------

Termine

* ------------------------------------
* ------------------------------------
* ------------------------------------
* ------------------------------------
* ------------------------------------
* ------------------------------------
* ------------------------------------

Veranstaltungen

* ------------------------------------
* ------------------------------------
* ------------------------------------
* ------------------------------------
* ------------------------------------
* ------------------------------------
* ------------------------------------

Notizen

* ------------------------------------
* ------------------------------------
* ------------------------------------
* ------------------------------------
* ------------------------------------
* ------------------------------------

Woche 1

Woche 2

Woche 3

Woche 4

Woche 5

Übersicht

MONATSPLANER

Monatsziele

* --------------------------------
* --------------------------------
* --------------------------------
* --------------------------------
* --------------------------------
* --------------------------------
* --------------------------------

Termine

* --------------------------------
* --------------------------------
* --------------------------------
* --------------------------------
* --------------------------------
* --------------------------------
* --------------------------------

Veranstaltungen

* --------------------------------
* --------------------------------
* --------------------------------
* --------------------------------
* --------------------------------
* --------------------------------
* --------------------------------

Notizen

* --------------------------------
* --------------------------------
* --------------------------------
* --------------------------------
* --------------------------------
* --------------------------------
* --------------------------------

Woche 1

Woche 2

Woche 3

Woche 4

Woche 5

Übersicht

MONATSPLANER

Monat

Monatsziele

* --
* --
* --
* --
* --
* --
* --

Termine

* --
* --
* --
* --
* --
* --
* --

Veranstaltungen

* --
* --
* --
* --
* --
* --
* --

Notizen

* --
* --
* --
* --
* --
* --
* --

Woche 1

Woche 2

Woche 3

Woche 4

Woche 5

Übersicht

MONATSPLANER

Monat

Monatsziele

* ....
* ....
* ....
* ....
* ....
* ....
* ....

Termine

* ....
* ....
* ....
* ....
* ....
* ....
* ....

Veranstaltungen

* ....
* ....
* ....
* ....
* ....
* ....
* ....

Notizen

* ....
* ....
* ....
* ....
* ....
* ....
* ....

Woche 1

Woche 2

Woche 3

Woche 4

Woche 5

Übersicht

MONATSPLANER

Monat

Monatsziele

* ....
* ....
* ....
* ....
* ....
* ....
* ....

Termine

* ....
* ....
* ....
* ....
* ....
* ....
* ....

Veranstaltungen

* ....
* ....
* ....
* ....
* ....
* ....
* ....

Notizen

* ....
* ....
* ....
* ....
* ....
* ....
* ....

Woche 1

Woche 2

Woche 3

Woche 4

Woche 5

Übersicht

MONATSPLANER

Monat

Monatsziele

* ....
* ....
* ....
* ....
* ....
* ....
* ....

Termine

* ....
* ....
* ....
* ....
* ....
* ....
* ....

Veranstaltungen

* ....
* ....
* ....
* ....
* ....
* ....
* ....

Notizen

* ....
* ....
* ....
* ....
* ....
* ....
* ....

Woche 1

Woche 2

Woche 3

Woche 4

Woche 5

Übersicht

MONATSPLANER

Monat

Monatsziele

* -----------------------------------
* -----------------------------------
* -----------------------------------
* -----------------------------------
* -----------------------------------
* -----------------------------------
* -----------------------------------

Termine

* -----------------------------------
* -----------------------------------
* -----------------------------------
* -----------------------------------
* -----------------------------------
* -----------------------------------
* -----------------------------------

Veranstaltungen

* -----------------------------------
* -----------------------------------
* -----------------------------------
* -----------------------------------
* -----------------------------------
* -----------------------------------
* -----------------------------------

Notizen

* -----------------------------------
* -----------------------------------
* -----------------------------------
* -----------------------------------
* -----------------------------------
* -----------------------------------

Woche 1

Woche 2

Woche 3

Woche 4

Woche 5

Übersicht

MONATSPLANER

Monatsziele

* ----------------------------------
* ----------------------------------
* ----------------------------------
* ----------------------------------
* ----------------------------------
* ----------------------------------
* ----------------------------------

Termine

* ----------------------------------
* ----------------------------------
* ----------------------------------
* ----------------------------------
* ----------------------------------
* ----------------------------------
* ----------------------------------

Veranstaltungen

* ----------------------------------
* ----------------------------------
* ----------------------------------
* ----------------------------------
* ----------------------------------
* ----------------------------------
* ----------------------------------

Notizen

* ----------------------------------
* ----------------------------------
* ----------------------------------
* ----------------------------------
* ----------------------------------
* ----------------------------------
* ----------------------------------

Woche 1

Woche 2

Woche 3

Woche 4

Woche 5

Übersicht

MONATSPLANER

Monat

Monatsziele

* --
* --
* --
* --
* --
* --
* --

Termine

* --
* --
* --
* --
* --
* --
* --

Veranstaltungen

* --
* --
* --
* --
* --
* --
* --

Notizen

* --
* --
* --
* --
* --
* --
* --

Woche 1

Woche 2

Woche 3

Woche 4

Woche 5

Übersicht

MONATSPLANER

Monatsziele

* --
* --
* --
* --
* --
* --
* --

Termine

* --
* --
* --
* --
* --
* --
* --

Veranstaltungen

* --
* --
* --
* --
* --
* --
* --

Notizen

* --
* --
* --
* --
* --
* --
* --

Woche 1

Woche 2

Woche 3

Woche 4

Woche 5

Übersicht

MONATSPLANER

Monat

Monatsziele

* ....
* ....
* ....
* ....
* ....
* ....
* ....

Termine

* ....
* ....
* ....
* ....
* ....
* ....
* ....

Veranstaltungen

* ....
* ....
* ....
* ....
* ....
* ....
* ....

Notizen

* ....
* ....
* ....
* ....
* ....
* ....
* ....

Woche 1

Woche 2

Woche 3

Woche 4

Woche 5

Übersicht

MONATSPLANER

Monat

Monatsziele

* --------------------------------
* --------------------------------
* --------------------------------
* --------------------------------
* --------------------------------
* --------------------------------
* --------------------------------

Termine

* --------------------------------
* --------------------------------
* --------------------------------
* --------------------------------
* --------------------------------
* --------------------------------
* --------------------------------

Veranstaltungen

* --------------------------------
* --------------------------------
* --------------------------------
* --------------------------------
* --------------------------------
* --------------------------------
* --------------------------------

Notizen

* --------------------------------
* --------------------------------
* --------------------------------
* --------------------------------
* --------------------------------
* --------------------------------
* --------------------------------

Woche 1

Woche 2

Woche 3

Woche 4

Woche 5

Übersicht

MONATSPLANER

Monatsziele

* _____
* _____
* _____
* _____
* _____
* _____
* _____

Termine

* _____
* _____
* _____
* _____
* _____
* _____
* _____

Veranstaltungen

* _____
* _____
* _____
* _____
* _____
* _____
* _____

Notizen

* _____
* _____
* _____
* _____
* _____
* _____
* _____

Woche 1

Woche 2

Woche 3

Woche 4

Woche 5

Übersicht

MONATSPLANER

Monat

Monatsziele

* --------------------------------
* --------------------------------
* --------------------------------
* --------------------------------
* --------------------------------
* --------------------------------
* --------------------------------

Termine

* --------------------------------
* --------------------------------
* --------------------------------
* --------------------------------
* --------------------------------
* --------------------------------
* --------------------------------

Veranstaltungen

* --------------------------------
* --------------------------------
* --------------------------------
* --------------------------------
* --------------------------------
* --------------------------------
* --------------------------------

Notizen

* --------------------------------
* --------------------------------
* --------------------------------
* --------------------------------
* --------------------------------
* --------------------------------
* --------------------------------

Woche 1

Woche 2

Woche 3

Woche 4

Woche 5

Übersicht

MONATSPLANER

Monatsziele

* ------------------------------
* ------------------------------
* ------------------------------
* ------------------------------
* ------------------------------
* ------------------------------
* ------------------------------

Termine

* ------------------------------
* ------------------------------
* ------------------------------
* ------------------------------
* ------------------------------
* ------------------------------
* ------------------------------

Veranstaltungen

* ------------------------------
* ------------------------------
* ------------------------------
* ------------------------------
* ------------------------------
* ------------------------------
* ------------------------------

Notizen

* ------------------------------
* ------------------------------
* ------------------------------
* ------------------------------
* ------------------------------
* ------------------------------
* ------------------------------

Woche 1

Woche 2

Woche 3

Woche 4

Woche 5

Übersicht

MONATSPLANER

Monatsziele

* ....
* ....
* ....
* ....
* ....
* ....
* ....

Termine

* ....
* ....
* ....
* ....
* ....
* ....
* ....

Veranstaltungen

* ....
* ....
* ....
* ....
* ....
* ....
* ....

Notizen

* ....
* ....
* ....
* ....
* ....
* ....
* ....

Woche 1

Woche 2

Woche 3

Woche 4

Woche 5

Übersicht

Impressum

Books Schreiber
1150 Wien, Österreich
books.schreiber@gmail.com

Covergestaltung: Rene Schreiber
Auflage 1

Druck und Bindung: KDP Amazon

Printed in Poland